UNE RENTRÉE ÉPOUVANTABLE

PAUL ROUX

À mon bébé
qui naîtra quelques jours
avant la parution
de cet album.

Le raton laveur

Catalogage avant publication de Bibliothèque et Archives Canada

Roux, Paul, 1959-

Une rentrée épouventable

(Le raton laveur)
Pour enfants de 6 à 9 ans.

ISBN-13: 978-2-89579-097-6
ISBN-10: 2-89579-097-3

I. Titre. III. Collection: Raton laveur (Bayard (Firme)).

PS8585.O89R46 2006 jC843'.54 C2006-940919-6
PS9585.O89R46 2006

Nous reconnaissons l'aide financière du gouvernement du Canada par l'entremise du Programme d'aide au développement de l'industrie de l'édition (PADIÉ) pour nos activités d'édition.

Conseil des Arts du Canada Canada Council for the Arts

Bayard Canada Livres Inc. remercie le Conseil des Arts du Canada du soutien accordé à son programme d'édition dans le cadre du Programme des subventions globales aux éditeurs.
Cet ouvrage a été publié avec le soutien de la SODEC.
Gouvernement du Québec – Programme de crédit d'impôt pour l'édition de livres – Gestion SODEC.

Dépôt légal – 3e trimestre 2006
Bibliothèque nationale du Québec
Bibliothèque nationale du Canada

Direction : Paule Brière
Graphisme : Mathilde Hébert
Révision : Marie Théorêt

4475, rue Frontenac
Montréal (Québec)
Canada H2H 2S2
Téléphone : (514) 844-2111 ou 1 866 844-2111
Télécopieur : (514) 278-3030
Courriel : edition@bayard-inc.com

Imprimé au Canada

VIVE LES VACANCES!

QUELLE TRISTESSE ...
... DEMAIN, C'EST LA RENTRÉE.
PAUL ROUX 2005
POUF!
ET LA NUIT VIENT DE TOMBER!
POUARK! STEVE, C'EST PAS DRÔLE. CETTE PERRUQUE PUE ET ELLE EST PLEINE DE POUSSIÈRE!
SPLAT!
?

OÙ AS-TU RAMASSÉ ÇA?
BEN... ELLE ÉTAIT POSÉE LÀ-BAS, SUR UNE VIEILLE BOÎTE, DERRIÈRE LES BUISSONS.
BEURK! ÇA SENT...
PLOFFFF!
... LE DIABLE! OUACH!
FLOP!
HÉ!
YAAARK!
BON, ASSEZ JOUÉ. À DEMAIN, STEVE.
À DLEMAIN! PLFT!

LE LENDEMAIN, À LA RENTRÉE...
GRAT! GRAT!
SALUT STEVE! ÇA VA?
GRAT! GRAT!
OUAIS... ÇA VA.
GRAT! GRAT!
ANATOLE, EN FORME?
BOF!
GRAT! GRAT!
DRRRIIING!
ÇA Y EST, ÇA COMMENCE VRAIMENT. ON SE REVOIT À LA RÉCRÉATION.
PAUL ROUX 2005

9h07...
GRAT! GRAT!
SCRIIIITCH! SCRIIITCH!
10h30...
GRATPLUS! GRATPLUS!
YAOURT POISSON BANANE
12h45...
?!?
GRATENCOR! GRATENCOR!
14h52...
?!?
GRATTROP! GRATTROP!
GRATTAMORT! GRATTAMORT!

MADAME LA DIRECTRICE ! MADAME LA DIRECTRICE !
MME ZEBOSS DIRECTRICE
TOC ! TOC ! TOC ! TOC !
QUOI !?! UNE ÉPIDÉMIE DE POUX !?! CE N'EST PAS POUSSIBLE ...EUH... POSSIBLE !
QUELQUES SECONDES PLUS TARD ...
MAIS, C'EST EXACT ! VOUS ÊTES PLEINS DE POUX !
ET C'EST COMME ÇA DANS TOUTE L'ÉCOLE !

APPELEZ LES PARENTS! ÉVACUATION IMMÉDIATE!
ÉCOLE JEAN NAPRAN
PAUL ROUX 2006
ET SANS POU... SSER!
TOC! TOC! TOC!
FERMÉ POUR CAUSE D'ÉPOUDÉMIE
ET CE FUT LE DÉBUT DES TRAITEMENTS...
OUTCH! ÇA PIQUE!
TUPOU SHAMPOOING EXTRA FORT

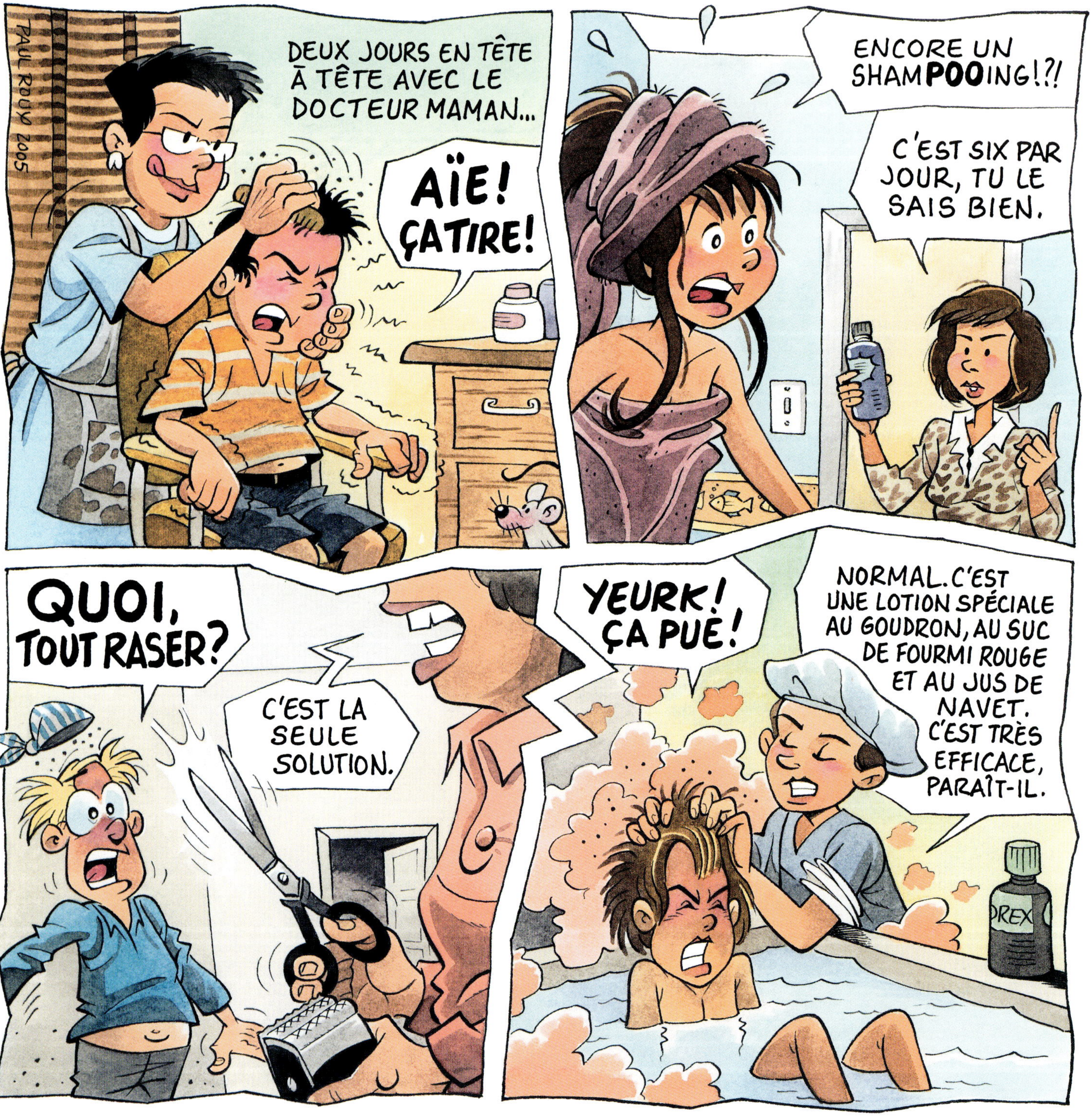
PAUL ROUX 2005
DEUX JOURS EN TÊTE À TÊTE AVEC LE DOCTEUR MAMAN...
AÏE! ÇA TIRE!
ENCORE UN SHAMPOOING!?!
C'EST SIX PAR JOUR, TU LE SAIS BIEN.
QUOI, TOUT RASER?
C'EST LA SEULE SOLUTION.
YEURK! ÇA PUE!
NORMAL. C'EST UNE LOTION SPÉCIALE AU GOUDRON, AU SUC DE FOURMI ROUGE ET AU JUS DE NAVET. C'EST TRÈS EFFICACE, PARAÎT-IL.

QUELQUES TRAITEMENTS DE CHOC PLUS TARD...
BRAVO, STEVE! TON PLAN ÉTAIT UN PEU DOULOUREUX MAIS PARFAIT!
OUAIS! QUATRE JOURS DE CONGÉ DÈS LA PREMIÈRE JOURNÉE D'ÉCOLE, C'EST GÉNIAL!
PFFF... LA PERRUQUE! QUELLE BONNE IDÉE!
MAIS JE N'ARRÊTE PAS DE VOUS DIRE QUE JE NE L'AI PAS FAIT EXPRÈS! JE NE SAVAIS PAS QUE CETTE PERRUQUE ÉTAIT PLEINE DE POUX!
BIEN SÛR! BIEN SÛR!
GRRR! ILS M'ÉNERVENT « SUPER MÉGA GIGA GRAVE »!

QUELQUES JOURS PLUS TARD, QUAND LA POUSSIÈRE EST ENFIN RETOMBÉE SUR CETTE AFFAIRE...
SUD
185
OH! OH! DES GRANDS!
PAUL ROUX 2006
SALUT, MICROBES! TU SAIS CE QUE J'AI DANS CE BOCAL?
N... N... NON!
DES POUX!
ÇA TE RAPPELLE QUELQUE CHOSE?

ALORS, C'EST SIMPLE : TU ME DONNES TA COLLATION ET TON ARGENT OU JE LAISSE LES PETITS AMIS JOUER DANS TES CHEVEUX. C'EST CLAIR?
OU... OU... OUI!
ET SI TU EN PARLES À QUELQU'UN, ON TE RETROUVERA. ON SAIT À QUELLE ÉCOLE TU VAS.
DEMAIN, TU AS INTÉRÊT À AVOIR PLUS D'ARGENT
HU! HU! HU!

SI TU EN PARLES, ON TE RETROUVERAS ...
... TOI, TES AMIS ET TA PETITE AMIE.
TOUTE TA FAMILLE DEVIENDRA POUILLEUSE!
À L'AIDE! JE N'EN **POUX** PLUS!

LE LENDEMAIN MATIN...
ÇA NE PEUT PAS DURER ! IL FAUT FAIRE QUELQUE CHOSE...
MOUÂÂÂ
PAUL ROUX 2006
J'AI UNE IDÉE ! ON VA CHANGER DE TRAJET POUR ALLER À L'ÉCOLE. ILS NE NOUS TROUVERONT PLUS !
PLUS TARD...
ERNEST, TON IDÉE EST GÉNIALE ! ON EST SAUVÉS !
SALON DU LIVRE

PAUL ROUX 2006
ALORS, LES MOUCHERONS, ON ESSAIE DE NOUS ÉVITER?
C'EST PAS BEAU, ÇA. ÇA VA VOUS COÛTER PLUS CHER ET, EN PRIME, VOUS MÉRITEZ QUELQUES POUX BIEN GRAS!
NON! NON! PITIÉ! PAS LES POUX!
PAS LES POUX!
PAS LES POUX!?! D'ACCORD. ALORS, DEMAIN, TU TE DÉBROUILLES POUR M'APPORTER UN BEAU 20! J'AI BESOIN D'ARGENT.

SINON...
PLUS TARD...
NON, TI-CHIEN, LAISSE-MOI. JE NE SUIS PAS D'HUMEUR À JOUER.
?
?
?

AH, TI-CHIEN, J'AI DIT NON!
SLURP!
ARRÊTE!
?
...TI-CHIEN!
ÉMILIE, IL FAUT QUE JE TE PARLE. C'EST URGENT!

LE LENDEMAIN...
SALUT, ÉMILIE. PRÊTE ?
OUI! J'AI APPORTÉ TOUT CE QU'IL FAUT!
PAUL ROUX 2006
À TON AVIS, ILS SONT OÙ, LES GRANDS, CE MATIN ?
J'ESPÈRE QU'ON VA VITE LES RENCONTRER ?
ALORS, LES DEMI-PORTIONS, VOUS AVEZ MON 20 ?

EH OUI, IL Y EN A BIEN VINGT ! TU PEUX LES COMPTER !
ET ILS SONT ÉPOUVANTABLEMENT AFFAMÉS !
ÇA, C'EST CHIEN !
GRRR
TU AS VINGT SECONDES POUR NOUS RENDRE NOS SACS À DOS ET DÉGUERPIR.
PASSÉ CE DÉLAI, ON LES LÂCHE !

WOUF! WAF!
WOUF! WOUF!
WOUF!
WAF!
WOF!
GRRR
WOUF!
PAUL ROUX 2006
C'EST BIEN, LES TOUTOUS! AYEZ L'AIR FÉROCE ET SOYEZ BRUYANTS!
ALLEZ LEUR MORDILLER LES FESSES ET GOÛTER LEURS FONDS DE PANTALONS!
J'AI L'IMPRESSION QU'ON NE LES REVERRA PAS DE SITÔT.

ET CEUX-LÀ, ON VA ALLER LES JETER DANS LA RIVIÈRE.
TU CROIS QUE ÇA PEUT ATTRAPER DES POUX, UN POISSON?
MAIS NON, VOYONS!
?
MAIS, CE NE SONT PAS DES POUX!?!
CE SONT DES... ATCHOUM! GROS GRAINS DE POIVRE!
ILS NOUS ONT BIEN EUS!
PAUL ROUX 2006

TON IDÉE D'AFFAMER LES CHIENS ÉTAIT EXCELLENTE!
IL FALLAIT BIEN DONNER UN AIR FÉROCE À CES GENTILS TOUTOUS.
JE CROIS QU'ON DOIT MAINTENANT PRÉVENIR LES AUTRES AFIN QU'ILS NE SE FASSENT PAS ATTRAPER À LEUR TOUR.
BONNE IDÉE: ALLONS AVERTIR TOUT LE MONDE!
À L'ABORDAGE!
LE LENDEMAIN, ERNEST ET ÉMILIE ÉTAIENT LES HÉROS DU JOUR...
BRAVO, LES ENFANTS! ON VIENT DE M'APPRENDRE QU'ON A RETROUVÉ LES TROIS GARNEMENTS. ILS VONT ARRÊTER DE CHERCHER DES POUX AUX PLUS PETITS QU'EUX.
BRAVO!
BRAVO!
BRAVO!
BRAVO!

QUELQUES JOURS PLUS TARD...
SALUT, ERNEST!
BONJOUR, ÉMILIE!
HÉ, LES AMIS, REGARDEZ CE QUE J'AI TROUVÉ. C'EST RIGOLO!
DRÔLE DE COÏNCIDENCE: ÇA S'APPELLE « HERBE À POUX »! VOUS VOULEZ SENTIR?
NOOOOON!
ATCHOUM!
ATCHAA!
ATCHHI!
PAUL ROUX 2006
FIN